AF477208

Todos los libros de Linkgua Ediciones cuentan con modelos de Inteligencia Artificial entrenados por hispanistas. Pregúntale al chat de tu libro lo que desees acerca de la obra o su autor/a.

Para ebooks: Accede a nuestro modelo de IA a través de este enlace.

Para libros impresos: Escanea el código QR de la portada con tu dispositivo móvil.

Obtén análisis detallados de nuestros libros, resúmenes, respuestas a tus preguntas y accede a nuestras ediciones críticas generativas para una experiencia de lectura más enriquecedora.
La transparencia y el respeto hacia la autoría de las fuentes utilizadas son distintivos básicos de nuestro proyecto. Por ello, las respuestas ofrecen, mediante un sistema de citas, las fuentes con las que han sido elaboradas.

Sor Juana Inés de la Cruz

El divino Narciso

Barcelona 2024
Linkgua-ediciones.com

Créditos

Título original: El divino Narciso.

© 2024, Red ediciones S.L.

e-mail: info@linkgua.com

Diseño de cubierta: Michel Mallard.

ISBN rústica ilustrada: 978-84-9897-450-8.
ISBN tapa dura: 978-84-1126-082-4.
ISBN ebook: 978-84-9897-220-7.

Sumario

Créditos   4

Brevísima presentación   9
   La vida   9

El Divino Narciso   11

Personajes   12

Cuadro I   13
   Escena I   13
   Escena II   19
   Escena III   23
   Escena IV   32

Cuadro II   39
   Escena V   39

Cuadro III   45
   Escena VI   45
   Escena VII   49
   Escena VIII   57

Cuadro IV   61
   Escena IX   61
   Escena X   63
   Escena XI   65
   Escena XII   70

Cuadro V   **79**

    Escena XIII   79

    Escena XIV   83

    Escena XV   87

    Escena XVI   88

    Escena XVII   89

Libros a la carta   **101**

Brevísima presentación

La vida

Sor Juana Inés de la Cruz (1651-1695). México.

Juana Inés de Asbaje y Ramírez de Santillana, nació el 12 de noviembre de 1651 en San Miguel de Nepantla, Amecameca. Era hija de padre vasco y madre mexicana.

Empezó a escribir a los ocho de edad una loa al Santísimo Sacramento. Aprendió latín en veinte lecciones, que le dictó el bachiller Martín de Olivas y a los dieciséis años ingresó en el Convento de Santa Teresa la Antigua y posteriormente en el de San Jerónimo.

En plena madurez literaria, criticó un sermón del padre Vieyra. Ello provocó que el obispo de Puebla, Manuel Fernández de Santa Cruz, le pidiera que abandonase la literatura y se dedicase por entero a la religión. Sor Juana se defendió en una epístola autobiográfica, en la que enarboló los derechos de la mujer. No obstante, obedeció y renunció a su enorme su biblioteca, sus útiles científicos y sus instrumentos musicales. Murió el 17 de abril de 1695.

El Divino Narciso

Personajes

El Divino Narciso.
La Naturaleza humana.
La Gracia.
La Gentilidad.
La Sinagoga.
Enós.
Un Ángel.
Eco, la naturaleza angélica réproba.
La Soberbia.
El Amor propio.
Ninfas.
Pastores.
Abraham.
Moisés.
Dos coros de música.

Cuadro I

Escena I

Salen, por una parte, la Gentilidad, de ninfa, con acompañamiento
de Ninfas y pastores; y por otra, la Sinagoga, también de ninfa, con
su acompañamiento, que serán los músicos; y detrás, muy bizarra,
la Naturaleza humana, oyendo lo que cantan.

Sinagoga	¡Alabad al Señor todos los hombres!	
Coro 1.º	¡Alabad al Señor todos los hombres!	
Sinagoga	Un nuevo canto entonad	
	a su divina beldad	
	y en cuanto la luz alcanza,	5
	suene la eterna alabanza	
	de la gloria de su nombre.	
Coro 1.º	¡Alabad al Señor todos los hombres!	
Gentilidad	¡Aplaudid a Narciso, plantas y flores!	
	Y pues su beldad divina,	10
	sin igualdad peregrina,	
	es sobre toda hermosura,	
	que se vio en otra criatura,	
	y en todas inspira amores,	
Coro 2.º	¡alabad a Narciso, fuentes y flores!	15
Sinagoga	¡Alabad,	

Gentilidad   aplaudid,

Sinagoga   con himnos,

Gentilidad   con voces,

Sinagoga   al Señor,

Gentilidad   a Narciso,

Sinagoga   todos los hombres,

Gentilidad   Fuentes y flores!

(Pónese la Naturaleza humana en medio de los dos coros.)

Naturaleza humana   Gentilidad, Sinagoga,
                    que en dulces métricas voces   20
                    a Dios aplaude la una,
                    y la otra celebra a un hombre:
                    escuchadme lo que os digo,
                    atended a mis razones,
                    que pues soy madre de entrambas,   25
                    a entrambas es bien que toque
                    por ley natural oírme.

Sinagoga   Ya mi amor te reconoce,
                    ¡Oh Naturaleza!, madre
                    común de todos los hombres.   30

Gentilidad   Y yo también te obedezco,
                    pues aunque andemos discordes

yo y la Sinagoga, no
por eso te desconoce
mi amor, antes te venera.   35

Sinagoga   Y solo en esto conformes
estamos, pues observamos,
ella allá entre sus errores
y yo acá entre mis verdades,
aquel precepto, que impone,   40
de que uno a otro no le haga
lo que él para sí no abone;
y como padre ninguno
quiere que el hijo le enoje,
así no fuera razón   45
que a nuestras obligaciones
faltáramos, con negar
nuestra atención a tus voces.

Gentilidad   Así es; porque este precepto,
porque ninguno lo ignore,   50
se lo escribes a tus hijos
dentro de los corazones.

Naturaleza humana Bien está; que ese precepto
basta, para que se note
que como a madre común   55
me debéis las atenciones.

Sinagoga   Pues dinos lo que pretendes.

Gentilidad   Pues dinos lo que dispones.

Naturaleza humana Digo, que habiendo escuchado

en vuestras métricas voces   60
los diferentes objetos
de vuestras aclamaciones:
pues tú, Gentilidad ciega,
errada, ignorante y torpe,
a una caduca beldad   65
aplaudes en tus loores,
y tú, Sinagoga, cierta
de las verdades que oyes
en tus profetas, a Dios
Le rindes veneraciones;   70
dejando de discurrir
en vuestras oposiciones,
(A la Gentilidad.)   pues claro está que tú yerras
(A la Sinagoga.)   y claro el que tú conoces
aunque vendrá tiempo, en que   75
trocándose las acciones,
la Gentilidad conozca,
y la Sinagoga ignore...
Mas esto ahora no es del caso;
y así, volviéndome al orden   80
del discurso, digo que
oyendo vuestras canciones,
me he pasado a cotejar
cuán misteriosas se esconden
aquellas ciertas verdades   85
debajo de estas ficciones.
Pues si en tu Narciso, tú
tanta perfección supones,
que dices que es su hermosura
imán de los corazones,   90
y que no solo la siguen
las ninfas y los pastores,

sino las aves y fieras,
los collados y los montes,
los arroyos y las fuentes,   95
las plantas, hierbas y flores,
¿con cuánta mayor razón
estas sumas perfecciones
se verifican de Dios,
a cuya beldad los orbes,   100
para servirle de espejos,
indignos se reconocen;
y a quien todas las criaturas
(aunque no hubiera razones
de tan grandes beneficios,   105
de tan extraños favores)
por su hermosura, no más,
debieran adoraciones;
y a quien la Naturaleza
(que soy yo), con atenciones,   110
como a mi centro apetezco
y sigo como a mi norte?
Y así, pues madre de entrambas
soy, intento con colores
alegóricos, que ideas   115
representables componen,
(A la Sinagoga.)   tomar de la una el sentido,
(A la Gentilidad.)   tomar de la otra las voces,
y en metafóricas frases,
tomando sus locuciones   120
y en figura de Narciso,
solicitar los amores
de Dios, a ver si dibujan
estos oscuros borrones
la claridad de sus luces;   125

pues muchas veces conformes
divinas y humanas letras,
dan a entender que Dios pone
aun en las plumas gentiles
unos visos en que asomen   130
los altos misterios suyos;
y así quiero que, concordes,
(A la Sinagoga.)   tú des el cuerpo a la idea,
(A la Gentilidad.)   y tú el vestido le cortes.
                      ¿Qué decís?

Sinagoga   Que por la parte   135
                      que del intento me toque,
                      te serviré yo con darte
                      en todo lo que te importen,
                      los versos de mis profetas,
                      los coros de mis cantores.   140

Gentilidad   Yo, aunque no te entiendo bien,
                      pues es lo que me propones,
                      que solo te dé materia
                      para que tú allá la informes
                      de otra alma, de otro sentido   145
                      que mis ojos no conocen,
                      te daré de humanas letras
                      los poéticos primores
                      de la historia de Narciso.

Naturaleza humana Pues volved a las acordes   150
                      músicas, en que os hallé,
                      porque quien oyere, logre
                      en la metáfora el ver
                      que, en estas amantes voces,

una cosa es la que entiende   155
y otra cosa la que oye.

Escena II

Sinagoga   ¡Alabad al Señor todos los hombres!

Coro 1.º   ¡Alabad al Señor todos los hombres!

Gentilidad   ¡Aplaudid a Narciso, plantas y flores!

Coro 2.º   ¡Aplaudid a Narciso, fuentes y flores!   160

Sinagoga   Todos los hombres Le alaben
                    y nunca su aplauso acaben
                    los ángeles en su altura,
                    el cielo con su hermosura,
                    y con sus giros los orbes.   165

Coro 1.º   ¡Alabad al Señor todos los hombres!

Coro 2.º   ¡Aplaudid a Narciso, fuentes y flores!

Gentilidad   Y pues su beldad hermosa,
                    soberana y prodigiosa,
                    es de todas la mayor,   170
                    cuyo sin igual primor
                    aplauden los horizontes,

Coro 2.º   ¡aplaudid a Narciso, fuentes y flores!

Coro 1.º   ¡Alabad al Señor todos los hombres!

Sinagoga	Las aguas que sobre el cielo	175
	forman cristalino hielo,	
	y las excelsas virtudes	
	que moran sus celsitudes,	
	todas Le alaben conformes.	

| Coro 1.º | ¡Alabad al Señor todos los hombres! | 180 |

| Coro 2.º | ¡Aplaudid a Narciso, fuentes y flores! | |

Gentilidad	A su bello resplandor	
	se para el claro farol	
	del Sol; y por ver su cara,	
	el fogoso carro para,	185
	mirando sus perfecciones.	

| Coro 2.º | ¡Aplaudid a Narciso, fuentes y flores! | |

| Coro 1.º | ¡Alabad al Señor todos los hombres! | |

Sinagoga	El Sol, la Luna y estrellas,	
	el fuego con sus centellas,	190
	la niebla con el rocío,	
	la nieve, el hielo y el frío	
	y los días y las noches.	

| Coro 1.º | ¡Alabad al Señor todos los hombres! | |

| Coro 2.º | ¡Aplaudid a Narciso, fuentes y flores! | 195 |

| Gentilidad | Su atractivo singular | |
| | no solo llega a arrastrar | |

las ninfas y los zagales,
en su seguimiento iguales,
mas las peñas y los montes.   200

Coro 2.º   ¡Aplaudid a Narciso, fuentes y flores!

Coro 1.º   ¡Alabad al Señor, todos los hombres!

Naturaleza humana ¡Oh, qué bien suenan unidas
las alabanzas acordes,
que de su beldad divina   205
celebran las perfecciones!
Que aunque las desdichas mías
desterrada de sus soles
me tienen, no me prohíben
el que su belleza adore;   210
que aunque, justamente airado
por mis delitos enormes,
me desdeña, no me faltan
piadosos intercesores
que Le insten continuamente   215
para que el perdón me otorgue,
y el estar en mí su imagen,
bien que los raudales torpes
de las aguas de mis culpas
toda mi belleza borren: 220
que a las culpas, el Sagrado
Texto, en muchas ocasiones
aguas llama, cuando dice:
«No la tempestad me ahogue
del agua»; y en otra parte,   225
alabando los favores
de Dios, repite David

que su Dios, que le socorre,
le libró de muchas aguas;
y que los intercesores   230
llegan en tiempo oportuno,
pero que no en los furores
del diluvio de las aguas.
Y así, bien es que yo nombre
aguas turbias a mi culpa,   235
cuyos obscenos colores
entre mí y Él interpuestos,
tanto mi ser descomponen,
tanto mi belleza afean,
tanto alteran mis facciones,   240
que si las mira Narciso,
a su imagen desconoce.
Díganlo, después de aquel
pecado del primer hombre,
que fue mar, cuyas espumas   245
no hay ninguno que no mojen,
tantas fuentes, tantos ríos
obscenos de pecadores
en quien la Naturaleza
siempre sumergida, esconde   250
su hermosura. ¡Oh, quiera el cielo
que mis esperanzas topen
alguna fuente que, libre
de aquellas aguas salobres,
represente de Narciso   255
enteras las perfecciones!
Y mientras quiere mi dicha
que yo sus cristales toque,
vosotros, para ablandar
de Narciso los rigores,   260

repetid sus alabanzas
en tiernas aclamaciones,
uniendo a cláusulas llanto,
porque es lo mejor que oye.
Representad mi dolor;   265
que vuestras voces acordes
puede ser que Lo enternezcan,
y piadoso me perdone.
Y pues en edad ninguna
ha faltado quien abogue   270
por mí, vamos a buscar
la fuente en que mis borrones
se han de lavar, sin dejar
las dulces repeticiones
de la música, diciendo   275
entre lágrimas y voces:

Coro 1.°   ¡Alabad al Señor todos los hombres!

Coro 2.°   ¡Aplaudid a Narciso, fuentes y flores!

Escena III

Salen Eco, ninfa, alborotada; la Soberbia, de pastora, y el Amor
propio, de pastor.

Eco   Soberbia, Amor Propio, amigos,
                  ¿oísteis en esta selva   280
                  unas voces?

Soberbia   Yo atendí
                  sus cláusulas; por más señas

que mucho más que el oído,
el corazón me penetran.

Amor propio   Yo también, que al escuchar   285
               lo dulce de sus cadencias,
               fuera de mi acuerdo estoy.

Eco   Pues, y bien, ¿qué inferís de ellas?

Soberbia   Nada, porque solo yo
               conozco que me molestan,   290
               como la Soberbia soy,
               las alabanzas ajenas.

Amor propio   Yo solo sé que me cansan
               cariños que se enderezan,
               como yo soy Amor Propio,   295
               a amar a quien yo no sea.

Eco   Pues yo os diré lo que infiero,
               que como mi infusa ciencia
               se distingue de mi Propio
               Amor, y de mi Soberbia,   300
               no es mucho que no la alcancen,
               y es natural que la teman.
               Y así, Amor Propio, que en mí
               tan inseparable reinas,
               que haces que de mí se olvide,   305
               por hacer que a mí me quiera
               (porque el Amor Propio
               es de tal manera,
               que insensato olvida
               lo mismo que acuerda);   310

principio de mis afectos,
pues eres en quien empiezan,
y tú eres en quien acaban,
pues acaban en Soberbia
(porque cuando el Amor Propio   315
de lo que es razón se aleja,
en Soberbia se remata,
que es el afecto que engendra,
que es aquél que todas
las cosas intenta   320
solo dirigidas
a su conveniencia),
escuchadme. Ya habéis visto
que aquesta pastora bella
representa en común toda   325
la Humana Naturaleza:
que en figura de una ninfa,
con metafórica idea,
sigue a una beldad que adora,
no obstante que la desprecia;   330
y para que a las divinas
sirvan las humanas letras,
valiéndose de las dos,
su conformidad coteja,
tomando a unas el sentido,   335
y a las otras la corteza;
y prosiguiendo las frases,
usando de la licencia
de retóricos colores,
que son uno, y otro muestran,   340
Narciso a Dios llama,
porque su belleza
no habrá quien la iguale,

ni quien la merezca.
Pues ahora, puesto que   345
mi persona representa
el ser angélico, no
en común, mas solo aquella
parte réproba, que osada
arrastró de las estrellas   350
la tercer parte al abismo,
quiero, siguiendo la mesma
metáfora que ella, hacer
a otra ninfa; que pues ella
como una ninfa a Narciso   355
sigue, ¿qué papel me queda
hacer, sino a Eco infeliz,
que de Narciso se queja?
Pues ¿qué más beldad
que la suya inmensa,   360
ni qué más desprecio
que el que a mí me muestra?
Y así, aunque ya lo sabéis,
por lo que a mí me atormenta
(que soy yo tal, que ni a mí   365
reservo la mayor pena),
os referiré la historia
con la metáfora mesma,
para ver si la de Eco
conviene con mi tragedia.   370
Desde aquí el curioso
mire si concuerdan
verdad y ficción,
el sentido y letra.
Ya sabéis que yo soy Eco,   375
la que infelizmente bella,

por querer ser más hermosa
me reduje a ser más fea,
porque —viéndome dotada
de hermosura y de nobleza,   380
de valor y de virtud,
de perfección y de ciencia,
y en fin, viendo que era yo,
aun de la naturaleza
angélica ilustre mía,   385
la criatura más perfecta—,
ser esposa de Narciso
quise, e intenté soberbia
poner mi asiento en su solio
e igualarme a su grandeza,   390
juzgando que no
era inconsecuencia
que fuera igual suya
quien era tan bella;
por lo cual, Él, ofendido,   395
tan desdeñoso me deja,
tan colérico me arroja
de su gracia y su presencia,
que no me dejó ¡ay de mí!,
esperanza de que pueda   400
volver a gozar los rayos
de su divina belleza.
Yo, viéndome despreciada,
con el dolor de mi afrenta,
en odio trueco el amor   405
y en rencores la terneza,
en venganzas los cariños,
y cual víbora sangrienta,
nociva ponzoña exhalo,

veneno animan mis venas;   410
que cuando el amor
en odio se trueca,
es más eficaz
el rencor que engendra.
y temerosa de que   415
la humana naturaleza
los laureles que perdí,
venturosa se merezca,
inventé tales ardides,
formé tal estratagema,   420
que a la incauta ninfa obligo,
sin atender mi cautela,
que a Narciso desobligue,
y que ingrata y desatenta
Le ofenda, viendo que Él es   425
de condición tan severa,
que ofendido ya una vez,
como es infinita ofensa
la que se hace a su deidad,
no hay medio para que vuelva   430
a su gracia, porque
es tanta la deuda,
que nadie es capaz
de satisfacerla.
Y con esto a la infeliz   435
la reduje a tal miseria,
que por más que tristemente
gime al son de sus cadenas,
son en vano sus suspiros,
son inútiles sus quejas,   440
pues, como yo, no podrá
eternamente risueña

ver la cara de Narciso:
con lo cual vengada queda
mi injuria, porque   445
ya que no posea
yo el solio, no es bien
que otra lo merezca,
ni que lo que yo perdí,
una villana grosera,   450
de tosco barro formada,
hecha de baja materia,
llegue a lograr. Así es bien
que estemos todos alerta,
para que nunca Narciso   455
a mirar sus ojos vuelva:
porque es a Él tan parecida,
en efecto, como hecha
a su imagen (¡ay de mí!,
de envidia el pecho revienta),   460
que temo que, si la mira,
su imagen que mira en ella
obligará a su deidad
a que se incline a quererla;
que la semejanza   465
tiene tanta fuerza,
que no puede haber
quien no la apetezca.
Y así, siempre he procurado
con cuidado y diligencia   470
borrar esta semejanza,
haciéndola que cometa
tales pecados, que Él mismo
—soltando a Acuario las riendas—
destruyó por agua el mundo,   475

en venganza de su ofensa.
Mas como es costumbre suya,
que siempre piadoso mezcla
en medio de la justicia
los visos de la clemencia,   480
quiso, no obstante el naufragio,
que a favor de la primera
nadante tabla, salvase
la vida que aún hoy conserva;
que aun entre el enojo,   485
siempre se Le acuerda
la misericordia,
para usar más de ella.
Pero apenas respiró
del daño, cuando soberbia,   490
con homenajes altivos
escalar el cielo intenta,
y creyendo su ignorancia
que era accesible la esfera
a corporales fatigas   495
y a materiales tareas,
altiva torre fabrica,
pudiendo labrar más cuerda
inmateriales escalas
hechas de su penitencia.   500
A cuya loca ambición,
en proporcionada pena,
correspondió en divisiones
la confusión de las lenguas;
que es justo castigo   505
al que necio piensa
que lo entiende todo,
que a ninguno entienda.

Después de así divididos,
les insistí a tales sectas,				510
que ya adoraban al Sol,
ya el curso de las estrellas,
ya veneraban los brutos,
ya daban culto a las peñas,
ya a las fuentes, ya a los ríos,			515
ya a los bosques, ya a las selvas,
sin que quedara criatura,
por inmunda o por obscena,
que su ceguedad dejara,
que su ignorancia excluyera;			520
y adorando embelesados
sus inclinaciones mesmas,
olvidaron de su Dios
la adoración verdadera;
conque amando estatuas				525
su ignorancia ciega,
vinieron a casi
transformarse en ellas.
Mas no obstante estos delitos,
nunca han faltado centellas			530
que de aquel primer origen
el noble ser les acuerdan;
y pretendiendo volver
a la dignidad primera,
con lágrimas y suspiros				535
aplacar a Dios intentan.
Y si no, mirad a Abel,
que las espigas agrega
y los carbones aplica,
para hacer a Dios ofrenda.			540

Escena IV

Ábrese un carro; va dando vuelta, en elevación, Abel, encendiendo
la lumbre; y encúbrese cantando.

Abel   ¡Poderoso Dios
        de piedad inmensa,
        esta ofrenda humilde
        de mi mano acepta!

Eco   Al santo Enós atended,   545
        que es el primero que empieza
        a invocar de Dios el nombre
        con invocaciones nuevas.

(Pasa de la misma manera Enós, de rodillas, puestas las manos, y
canta.)

Enós   ¡Criador poderoso
        del cielo y la tierra,   550
        solo a Ti por Dios
        confiesa mi lengua!

Eco   Ved a Abraham, aquel monstruo
        de la fe y de la obediencia,
        que ni dilata matar   555
        al hijo, aunque más lo quiera,
        por el mandato de Dios;
        ni duda de la promesa
        de que al número sus hijos
        igualen de las estrellas.   560

Y ved cómo Dios benigno,
en justa correspondencia,
la víctima le perdona
y el sacrificio le acepta.

(Pasa Abraham, como lo pintan, y sale un Ángel.)

Ángel (Canta.) ¡Para herir al niño   565
la mano no extiendas,
que basta haber visto
cuánto al Señor temas!

Eco Ved a Moisés, que caudillo
de Dios al pueblo gobierna, 570
y viendo que ha idolatrado
y Dios castigarlo intenta,
su autoridad interpone
y osadamente Le ruega.

(Pasa Moisés, con las Tablas de la Ley, y canta.)

Moisés ¡O perdone al pueblo, 575
Señor, tu clemencia,
o bórreme a mí
de la vida eterna!

Eco Pero ¿para qué es cansaros?
Atended de los profetas 580
y patriarcas al coro
que con dulces voces tiernas
piden el remedio a Dios,
quieren que a aliviarlos venga.

Coro 1.º	¡Abrid, claros cielos	585
	vuestras altas puertas,	
	y las densas nubes	
	al justo nos lluevan!	

Eco	Pues atended, misteriosa,	
	a otra petición opuesta,	590
	al parecer, a ésta, pues	
	dice con voces diversas:	

Coro 2.º	¡Ábranse las bocas	
	de la dura tierra,	
	y brote, cual fruto,	595
	el Salvador de ella!	

Eco	Con que los unos Le piden	
	que del cielo les descienda,	
	y que de la tierra nazca	
	quieren otros, de manera	600
	que ha de tener, quien los salve,	
	entrambas naturalezas.	
	Pues yo, ¡ay de mí!, que en Narciso	
	conozco, por ciertas señas,	
	que es Hijo de Dios, y que	605
	nació de una verdadera	
	mujer, temo, y con bastantes	
	fundamentos, que éste sea	
	el Salvador. Y porque	
	a la alegoría vuelva	610
	otra vez, digo que temo	
	que Narciso, que desdeña	
	mi nobleza y mi valor,	
	a aquesta pastora quiera;	

porque suele el gusto,   615
que leyes no observa,
dejar el brocado
por la tosca jerga.
Y para impedir, ¡ay triste!,
que sobre la injuria hecha   620
a mi ser y a mi hermosura,
otra mayor no me venga,
hemos de solicitar,
que si impedirle que a verla
no llegue, no sea posible,   625
que consigamos siquiera
que en las turbias aguas
de su culpa sea,
para que su imagen
borrada parezca.   630
¿Qué os parece?

Soberbia   ¿Qué me puede
parecer, si de tu idea
soy, desde que tienes ser,
individua compañera,
tanto, que por asentir   635
a mis altivas propuestas,
en desgracia de Narciso
estás? Pero aunque desprecia
Él, y toda su facción,
tus partes y tu nobleza,   640
ya has visto, que cuando
los demás te dejan,
solo te acompaña
siempre tu Soberbia.

Amor propio   Y yo, que desde el instante   645
                     que intentaste tu suprema
                     silla sobre el Aquilón
                     poner, y que tu grandeza
                     al altísimo igualara,
                     me engendraste, contra ésa   650
                     que, representada en visos,
                     te dieron a entender que era
                     la que, aunque inferior
                     en naturaleza,
                     en mérito había   655
                     de ser más excelsa;
                     y dándote entonces tú
                     por sentida de la ofensa,
                     concebiste tal rencor,
                     engendraste tanta pena,   660
                     que en odio mortal,
                     que en rabiosa queja
                     se volvió el cariño,
                     trocó la fineza...
                     Y así, si soy tu Amor Propio,   665
                     ¿qué dudas que me parezca
                     bien, que pues padeces tú,
                     el mundo todo padezca?
                     ¡Padezca esa vil pastora,
                     padezca Narciso y muera,   670
                     si con muerte de uno y otro
                     se borran nuestras ofensas!

Eco   Pues tan conformes estáis,
                     y en la elevada eminencia
                     de esta montaña se oculta,   675
                     acompañado de fieras,

tan olvidado de sí
que ha que no come cuarenta
días, dejadme llegar
y con una estratagema   680
conoceré si es divino,
pues en tanta fortaleza
lo parece, pero luego
en la hambre que Le aqueja
muestra que es hombre no más,   685
pues la hambre Le molesta.
Y así yo intento llegar
amorosa y halagüeña,
que la tentación
¿quién duda que sea   690
más fuerte, si en forma
de una mujer tienta?
Y así, vosotros estad,
de todo cuanto suceda,
a la mira.

Soberbia y
Amor propio   Así lo haremos   695
                   porque acompañarte es fuerza.

Cuadro II

Escena V

Descúbrese un monte, y en lo alto el Divino Narciso, de pastor galán, y algunos animales; y mientras Eco va subiendo, dice Narciso en lo alto.

Narciso   En aquesta montaña, que eminente
        el cielo besa con la altiva frente,
        sintiendo ajenos, como propios males,
        me acompañan los simples animales,
        y las canoras aves   5
        con músicas suaves
        saludan mi hermosura,
        de más luciente Sol, alba más pura.
        No recibo alimento
        de material sustento,   10
        porque está desquitando mi abstinencia
        de algún libre bocado la licencia.

(Acaba de subir Eco.)

Eco   (Canta en tono recitativo.)
        Bellísimo Narciso,
        que a estos humanos valles
        del monte de tus glorias   15
        las celsitudes traes,
        mis pesares escucha,
        indignos de escucharse,
        pues ni aun en esto esperan

alivio mis pesares.   20
Eco soy, la más rica
pastora de estos valles;
bella decir pudieran
mis infelicidades.
Mas desde que severo   25
mi beldad despreciaste,
las que canté hermosuras
ya las lloro fealdades.
Pues tú mejor conoces
que los claros imanes   30
de tus ojos arrastran
todas las voluntades,
no extrañarás el ver
que yo venga a buscarte,
pues todo el mundo adora   35
tus prendas celestiales.
Y así, vengo a decirte
que ya que no es bastante
a ablandar tu dureza
mi nobleza y mis partes,   40
siquiera por ti mismo
mires interesable
mis riquezas, atento
a tus comodidades.
Pagarte intento, pues   45
no será disonante
el que venga a ofrecerte
la que viene a rogarte.
Y pues el interés
es en todas edades   50
quien del amor aviva
las viras penetrantes,

tiende la vista a cuanto
alcanza a divisarse
desde este monte excelso   55
que es injuria de Atlante.
Mira aquestos ganados
que, inundando los valles,
de los prados fecundos
las esmeraldas pacen.   60
Mira en cándidos copos
la leche, que al cuajarse,
afrenta los jazmines
de la aurora que nace.
Mira, de espigas rojas,   65
en los campos formarse
pajizos chamelotes
a las olas del aire.
Mira de esas montañas
los ricos minerales,   70
cuya prenez es oro,
rubíes y diamantes.
Mira, en el mar soberbio,
en conchas congelarse
el llanto de la aurora   75
en perlas orientales.
Mira de esos jardines
los fecundos frutales,
de especies diferentes
dar frutos admirables.   80
Mira con verdes pinos
los montes coronarse:
con árboles que intentan
del cielo ser gigantes.
Escucha la armonía   85

de las canoras aves
que en coros diferentes
forman dulces discantes.
Mira de uno a otro polo
los reinos dilatarse,   90
dividiendo regiones
los brazos de los mares,
y mira cómo surcan
de las veleras naves
las ambiciosas proas   95
sus cerúleos cristales.
Mira entre aquellas grutas
diversos animales:
a unos, salir feroces;
a otros, huir cobardes.   100
Todo, bello Narciso,
sujeto a mi dictamen,
son posesiones mías,
son mis bienes dotales.
Y todo será tuyo,   105
si tú con pecho afable
depones lo severo
y llegas a adorarme.

Narciso   Aborrecida ninfa,
no tu ambición te engañe,   110
que mi belleza sola
es digna de adorarse.
Vete de mi presencia
al polo más distante,
adonde siempre penes,   115
adonde nunca acabes.

Ya me voy, pero advierte
que, desde aquí adelante,
con declarados odios
tengo de procurarte   120
la muerte, para ver
si mi pena implacable
muere con que tú mueras,
o acaba con que acabes.

Cuadro III

Escena VI

Cúbrese el monte, y sale la Naturaleza humana.

Naturaleza humana De buscar a Narciso fatigada,
    sin permitir sosiego a mi pie errante,
    ni a mi planta cansada
    que tantos ha ya días que vagante
    examina las breñas   5
    sin poder encontrar más que las señas,
    a este bosque he llegado donde espero
    tener noticias de mi bien perdido;
    que si señas confiero,
    diciendo está del prado lo florido,   10
    que producir amenidades tantas,
    es por haber besado ya sus plantas.
    ¡Oh, cuántos días ha que he examinado
    la selva flor a flor, y planta a planta,
    gastando congojado   15
    mi triste corazón en pena tanta,
    y mi pie fatigando, vagabundo,
    tiempo, que siglos son; selva, que es
    mundo!
    Díganlo las edades que han pasado,
    díganlo las regiones que he corrido,   20
    los suspiros que he dado,
    de lágrimas los ríos que he vertido,
    los trabajos, los hierros, las prisiones
    que he padecido en tantas ocasiones.

Una vez, por buscarle, me toparon   25
de la ciudad las guardas, y atrevidas,
no solo me quitaron
el manto, mas me dieron mil heridas
los centinelas de los altos muros,
teniéndose de mí por mal seguros.   30
¡Oh ninfas que habitáis este florido
y ameno prado, ansiosamente os ruego
que si acaso al querido
de mi alma encontrareis, de mi fuego
Le noticiéis, diciendo el agonía   35
con que de amor enferma el alma mía!
Si queréis que os dé señas de mi amado,
rubicundo esplendor Le colorea
sobre jazmín nevado;
por su cuello, rizado Ofir pasea;   40
los ojos, de paloma que enamora
y en los raudales transparentes mora.
Mirra olorosa de su aliento exhala;
las manos son al torno, y están llenas
de jacintos, por gala,   45
o por indicio de sus graves penas:
que si el jacinto es *ay*, entre sus brillos
ostenta tantos *ayes* como anillos.
Dos columnas de mármol, sobre basas
de oro, sustentan su edificio bello;   50
y en delicias no escasas
suavísimo es, y ebúrneo, el blanco cuello;
y todo apetecido y deseado.
Tal es, ¡oh ninfas!, mi divino amado.
Entre millares mil es escogido;   55
y cual granada luce sazonada
en el prado florido,

entre rústicos árboles plantada;
así, sin que ningún zagal Le iguale,
entre todos los otros sobresale.   60
Decidme dónde está El que mi alma adora,
o en qué parte apacienta sus corderos,
o hacia dónde —a la hora
meridiana— descansan sus luceros,
para que yo no empiece a andar vagando 65
por los rediles, que Lo voy buscando.
Mas, por mi dicha, ya cumplidas veo
de Daniel sus semanas misteriosas,
y logra mi deseo
las alegres promesas amorosas   70
que me ofrece Isaías
en todas sus sagradas profecías.
Pues ya nació aquel niño hermoso y bello,
y ya nació aquel hijo delicado,
que será gloria el vello   75
llevando sobre el hombro el principado:
admirable, Dios fuerte, consejero,
rey, y padre del siglo venidero.
Ya brotó aquella vara misteriosa
de Jesé, la flor bella en quien descansa 80
sobre su copa hermosa
espíritu divino, en que afianza
sabiduría, consejo, inteligencia,
fortaleza, piedad, temor y ciencia.
Ya el fruto de David tiene la silla   85
de su padre; ya el lobo y el cordero
se junta y agavilla,
y el cabritillo con el pardo fiero;
junto al oso el becerro quieto yace,
y como buey el león las pajas pace.   90

Recién nacido infante, quieto juega
en el cóncavo de áspid ponzoñoso,
y a la caverna llega
del régulo nocivo, niño hermoso,
y la manilla en ella entra seguro,   95
sin poderle dañar su aliento impuro
Ya la señal, que Acaz pedir no quiso,
y Dios le concedió, sin él pedilla,
se ve, pues ya Dios hizo
la nueva, la estupenda maravilla   100
que a la naturaleza tanto excede,
de que una virgen para, y virgen quede.
Ya a Abraham se ha cumplido la promesa
que Dios reiteró a Isaac, de que serían
en su estirpe y nobleza   105
bendecidas las gentes que nacían
en todas las naciones,
para participar sus bendiciones.
El cetro de Judá, que ya ha faltado,
según fue de Jacob la profecía,   110
da a entender que ha llegado
del mundo la esperanza y la alegría,
la salud del Señor que él esperaba
y en profético espíritu miraba.
Solo me falta ya, ver consumado   115
el mayor sacrificio. ¡Oh, si llegara,
y de mi dulce amado
mereciera mi amor mirar la cara!
Seguiréle, por más que me fatigue,
pues dice que ha de hallarle quien le sigue.
120
¡Oh, mi divino amado, quién gozara
acercarse a tu aliento generoso,

de fragancia más rara
que el vino y el ungüento más precioso!
Tu nombre es como el óleo derramado, 125
y por eso las ninfas te han amado.
Tras tus olores presta voy corriendo:
¡oh, con cuánta razón todas te adoran!
Mas no estés atendiendo
si del Sol los ardores me coloran; 130
mira que, aunque soy negra, soy hermosa,
pues parezco a tu imagen milagrosa.
Mas allí una pastora hermosa veo.
¿Quién podrá ser beldad tan peregrina?;
mas, o miente el deseo, 135
o ya he visto otra vez su luz divina.
A ella quiero acercarme,
por ver si puedo bien certificarme.

Escena VII

Sale la Gracia, de pastora, cantando; y vanse acercando.

Gracia   Albricias, mundo; albricias,
                Naturaleza humana, 140
                pues con dar esos pasos
                te acercas a la Gracia:
                ¡dichosa el alma
                que merece tenerme en su morada!
                Venturosa es mil veces 145
                quien me ve tan cercana;
                que está muy cerca el Sol
                cuando parece el alba:
                ¡dichosa el alma

que merece hospedarme en su morada! 150

(Repite la música este último verso, y llégase la Naturaleza a ella.)

Naturaleza humana Pastora hermosa, que admiras,
      dulce sirena, que encantas
      no menos con tu hermosura
      que con tu voz soberana;
      pues a mí tu voz diriges   155
      y a mí albricias me demandas
      de alguna nueva feliz,
      pues dicen tus consonancias:

Gracia y
Naturaleza humana albricias, mundo; albricias
      Naturaleza humana,   160
      pues con dar esos pasos
      te acercas a la Gracia:

Coro 1.º   ¡dichosa el alma,
      que merece hospedarme en su morada!

Naturaleza humana ¿De qué son? Y tú, quién eres   165
      dime; porque aunque tu cara
      juzgo que he visto otra vez,
      las especies tan borradas
      tengo, que no te conozco
      bien.

Gracia   Aquesto no me espanta,   170
      que estuve poco contigo,
      y tú entonces descuidada
      no me supiste estimar,

hasta que viste mi falta.

Naturaleza humana Pues en fin, dime ¿quién eres?   175

Gracia ¿No te acuerdas de una dama
que, en aquel bello jardín
adonde fue tu crianza,
por mandato de tu padre
gustosa te acompañaba   180
asistiéndote, hasta que
tú por aquella desgracia,
dejándole a Él enojado,
te saliste desterrada,
y a mí me apartó de ti,   185
de tu delito en venganza,
hasta ahora?

Naturaleza humana ¡Oh, venturosa
la que vuelve a ver tu cara,
Gracia divina, pues eres
la mejor prenda del alma!   190
¡Los brazos me da!

Gracia Eso no,
que todavía te falta
para llegar a mis brazos
una grande circunstancia.

Naturaleza humana Si está en diligencia mía,   195
dila, para ejecutarla.

Gracia No está en tu mano, aunque está
el disponerte a alcanzarla

en tu diligencia; porque
no bastan fuerzas humanas   200
a merecerla, aunque pueden
con lágrimas impetrarla,
como don gracioso que es,
y no es justicia, la Gracia.

Naturaleza humana Y ¿cómo he de disponerme?   205

Gracia   ¿Cómo? Siguiendo mis plantas,
                   y llegando a aquella fuente,
                   cuyas cristalinas aguas
                   libres de licor impuro,
                   siempre limpias, siempre intactas   210
                   desde su instante primero,
                   siempre han corrido sin mancha;
                   aquésta es de los Cantares
                   aquella fuente sellada,
                   que sale del paraíso,   215
                   y aguas vivíficas mana.
                   Éste, el pequeño raudal
                   que, misterioso, soñaba
                   Mardoqueo, que crecía
                   tanto, que de su abundancia   220
                   se formaba un grande río;
                   y después se transformaba
                   en luz y en Sol, inundando
                   los campos de su pujanza.

Naturaleza humana Ya sé que ahí se entiende Esther   225
                   y que, en Esther, figurada
                   está la imagen divina
                   de la que es llena de gracia.

¡Oh, fuente divina, oh pozo
de las vivíficas aguas,   230
pues desde el primer instante
estuviste preservada
de la original ponzoña,
de la trascendental mancha,
que infesta los demás ríos;   235
vuelve tú la imagen clara
de la beldad de Narciso,
que en ti sola se retrata
con perfección su belleza,
sin borrón su semejanza!   240

Gracia   Naturaleza feliz,
pues ya te ves tan cercana
a conseguir tu remedio,
llega a la fuente sagrada
de cristalinas corrientes,   245
de quien yo he sido la guarda,
desde que ayer empezó
su corriente, inmaculada
por singular privilegio;
y encubierta entre estas ramas,   250
a Narciso esperaremos,
que no dudo que Lo traiga
a refrigerarse en ella
la ardiente sed que Lo abrasa.
Procura tú que tu rostro   255
se represente en las aguas,
porque llegando Él a verlas
mire en ti su semejanza;
porque de ti se enamore.

Naturaleza humana	Déjame antes saludarla,	260
	pues ha de ser ella el medio	
	del remedio de mis ansias.	

Gracia	Debido obsequio es, y así	
	yo te ayudaré a invocarla.	
(Canta.)	¡Oh, siempre cristalina,	265
	clara y hermosa fuente:	
	tente, tente;	
	reparen mi ruina	
	tus ondas presurosas,	
	claras, limpias, vivíficas, lustrosas!	270

Naturaleza humana	No vayas tan ligera	
	en tu corriente clara;	
	para, para,	
	mis lágrimas espera:	
	vayan con tu corriente	275
	santa, pura, clarísima, luciente.	

Gracia	¡Fuente de perfecciones,	
	de todas la más buena,	
	llena, llena	
	de méritos y dones,	280
	a quien nunca ha llegado	
	mácula, riesgo, sombra, ni pecado!	

Naturaleza humana	Serpiente ponzoñosa	
	no llega a tus espejos:	
	lejos, lejos	285
	de tu corriente hermosa,	
	su ponzoña revienta;	
	tú corres limpia, preservada, exenta.	

Gracia	Bestia obscena, ni fiera,	
	no llega a tus cristales;	290
	tales, tales	
	son, y de tal manera,	
	que dan con su dulzura	
	fortaleza y salud, gusto y ventura.	
Naturaleza humana	Mi imagen representa	295
	si Narciso repara,	
	clara, clara;	
	porque al mirarla sienta	
	del amor los efectos,	
	ansias, deseos, lágrimas y afectos.	300
Gracia	Ahora en la margen florida,	
	que da a su líquida plata	
	guarniciones de claveles	
	sobre campos de esmeraldas,	
	nos sentaremos en tanto	305
	que llega; que el que Lo atraiga	
	Naturaleza, no dudo,	
	si está junto con la Gracia.	
Naturaleza humana	Si el disponerme a tenerla,	
	cuanto puedan mis humanas	310
	fuerzas, es lo que me toca,	
	ya obedezco lo que mandas.	

Escena VIII

Llegan las dos a la fuente; pónese la Naturaleza entre las ramas, y con ella la Gracia, de manera que parezca que se miran; y sale por otra parte Narciso, con una honda, como pastor, y canta el último verso de las coplas, y lo demás representa acercándose a la fuente.

Narciso	Ovejuela perdida,	
	de tu dueño olvidada,	
	¿adónde vas errada?	315
	Mira que dividida	
(Canta.)	de mí, también te apartas de tu vida.	
	Por las cisternas viejas	
	bebiendo turbias aguas,	
	tu necia sed enjaguas;	320
	y con sordas orejas,	
(Canta.)	de las aguas vivíficas te alejas.	
	En mis finezas piensa:	
	verás que, siempre amante,	
	te guardo vigilante,	325
	te libro de la ofensa,	
(Canta.)	y que pongo la vida en tu defensa.	
	De la escarcha y la nieve	
	cubierto, voy siguiendo	
	tus necios pasos, viendo	330
	que ingrata no te mueve	
(Canta.)	ver que dejo por ti noventa y nueve.	
	Mira que mi hermosura	
	de todas es amada,	
	de todas es buscada,	335
	sin reservar criatura,	

57

(Canta.)   y solo a ti te elige tu ventura.
                            Por sendas horrorosas
                            tus pasos voy siguiendo,
                            y mis plantas hiriendo   340
                            de espinas dolorosas
(Canta.)   que estas selvas producen, escabrosas.
                            Yo tengo de buscarte;
                            y aunque tema perdida,
                            por buscarte, la vida,   345
                            no tengo de dejarte,
(Canta.)   que antes quiero perderla por hallarte.
                            ¿Así me correspondes,
                            necia, de juicio errado?
                            ¿No soy quien te ha criado?   350
                            ¿Cómo no me respondes,
(Canta.)   y (como si pudieras) te me escondes?
                            Pregunta a tus mayores
                            los beneficios míos:
                            los abundantes ríos,   355
                            los pastos y verdores,
(Canta.)   en que te apacentaron mis amores.
                            En un campo de abrojos,
                            en tierra no habitada,
                            te hallé sola, arriesgada   360
                            del lobo a ser despojos,
(Canta.)   y te guardé cual niña de mis ojos.
                            Trájele a la verdura
                            del más ameno prado,
                            donde te ha apacentado   365
                            de la miel la dulzura,
(Canta.)   y aceite que manó de peña dura.
                            Del trigo generoso
                            la medula escogida

	te sustentó la vida,	370
	hecho manjar sabroso,	
(Canta.)	y el licor de las uvas oloroso.	
	Engordaste, y lozana,	
	soberbia y engreída	
	de verte tan lucida,	375
	altivamente vana,	
(Canta.)	mi belleza olvidaste soberana.	
	Buscaste otros pastores	
	a quien no conocieron	
	tus padres, ni los vieron	380
	ni honraron tus mayores;	
(Canta.)	y con esto incitaste mis furores.	
	Y prorrumpí enojado:	
	«Yo esconderé mi cara	
	(a cuyas luces para	385
	su cara el Sol dorado)	
(Canta.)	de este ingrato, perverso, infiel ganado.	
	Yo haré que mis furores	
	los campos les abrasen,	
	y las hierbas que pacen;	390
	y talen mis ardores	
(Canta.)	aun los montes que son más superiores.	
	Mis saetas ligeras	
	les tiraré, y la hambre	
	corte el vital estambre;	395
	y de aves carniceras	
(Canta.)	serán mordidos, y de bestias fieras.	
	Probarán los furores	
	de arrastradas serpientes;	
	y en muertes diferentes	400
	obrará, en mis rigores,	
(Canta.)	fuera, el cuchillo; y dentro, los temores».	

                    Mira que soberano
                    soy, y que no hay más fuerte;
                    que yo doy vida y muerte,   405
                    que yo hiero y yo sano,
(Canta.)   y que nadie se escapa de mi mano.
                    Pero la sed ardiente
                    me aflige y me fatiga;
                    bien es que el curso siga   410
                    de aquella clara fuente,
(Canta.)   y que en ella templar mi ardor intente.
                    Que pues por ti he pasado
                    la hambre de gozarte,
                    no es mucho que mostrarte   415
                    procure mi cuidado,
(Canta.)   que de la sed por ti estoy abrasado.

Cuadro IV

Escena IX

Narciso llega a la fuente, la mira y dice.

Narciso	Llego; mas ¿qué es lo que miro?

Narciso   Llego; mas ¿qué es lo que miro?
¿Qué soberana hermosura
afrenta con su luz pura
todo el celestial zafiro?
Del Sol el luciente giro,   5
en todo el curso luciente
que da desde Ocaso a Oriente,
no esparce en signos y estrellas
tanta luz, tantas centellas
como da sola esta fuente.   10
Cielo y tierra se han cifrado
a componer su arrebol:
el cielo con su farol,
y con sus flores el prado.
La esfera se ha transladado   15
toda, a quererla adornar;
pero no, que tan sin par
belleza, todo el desvelo
de la tierra, ni del cielo,
no la pudieran formar.   20
Recién abierta granada
sus mejillas sonrosea;
sus dos labios hermosea
partida cinta rosada,
por quien la voz delicada,   25

haciendo al coral agravio,
despide el aliento sabio
que así a sus claveles toca;
leche y miel vierte la boca,
panales destila el labio.   30
Las perlas que en concha breve
guarda, se han asimilado
al rebaño, que apiñado
desciende en copos de nieve;
el cuerpo, que gentil mueve,   35
el aire a la palma toma;
los ojos, por quien asoma
el alma, entre su arrebol
muestran, con luces del Sol,
benignidad de paloma.   40
Terso el bulto delicado,
en lo que a la vista ofrece,
parva de trigo parece,
con azucenas vallado;
de marfil es torneado   45
el cuello, gentil coluna.
No puede igualar ninguna
hermosura a su arrebol:
escogida como el Sol
y hermosa como la Luna.   50
Con un ojo solo, bello,
el corazón me ha abrasado;
el pecho me ha traspasado
con el rizo de un cabello.
¡Abre el cristalino sello   55
de ese centro claro y frío,
para que entre el amor mío!
Mira que traigo escarchada

la crencha de oro, rizada,
con las perlas del rocío.   60
¡Ven, esposa, a tu querido;
rompe esa cortina clara:
muéstrame tu hermosa cara,
suene tu voz a mi oído!
¡Ven del Líbano escogido,   65
acaba ya de venir,
y coronaré el Ofir
de tu madeja preciosa
con la corona olorosa
de Amaná, Hermón y Sanir!   70

Escena X

Quédase como suspenso en la fuente; y sale Eco, como acechando.

Eco   ¿Qué es aquesto que ven los ojos míos?
             O son de mis pesares desvaríos,
             o es Narciso el que está en aquella fuente,
             cuya limpia corriente
             exenta corre de mi rabia fiera.   75
             ¡Quién fuera tan dichosa, que pudiera
             envenenar sus líquidos cristales
             para ponerles fin a tantos males,
             pues si Él bebiera en ella mi veneno,
             penara con las ansias que yo peno!   80
             Yo me quiero llegar, pues Él, suspenso,
             que está templando, pienso,
             la sed.

(Llégase, y vuelve a retirarse.)

¡Pero qué miro!
Confusa me acobardo y me retiro:
su misma semejanza contemplando   85
está en ella, y mirando
a la Naturaleza humana en ella.
¡Oh fatales destinos de mi estrella!
¡Cuánto temí que clara la mirase,
para que de ella no se enamorase,   90
y en fin ha sucedido! ¡Oh pena, oh rabia!
Blasfemaré del cielo que me agravia.
Mas ni aun para la queja
alientos el dolor fiero me deja,
pues siento en ansia tanta   95
un áspid, un dogal a la garganta.
Si quiero articular la voz, no puedo
y a media voz me quedo,
o con la rabia fiera
solo digo la sílaba postrera;   100
que pues letras sagradas, que me infaman,
en alguna ocasión muda me llaman
(porque aunque formalmente
serlo no puedo, soylo causalmente
y eficientemente, haciendo mudo   105
a aquel que mi furor ocupar pudo:
locución metafórica, que ha usado
como quien dice que es alegre el prado
porque causa alegría,
o de una fuente, quiere que se ría),   110
y pues también alguna vez Narciso
enmudecer me hizo,
porque su ser divino publicaba,
y mi voz reprendiéndome atajaba,

no es mucho que también ahora quiera 115
que, con el ansia fiera,
al llegar a mirarlo quede muda.
Mas ¡ay!, que la garganta ya se anuda;
el dolor me enmudece.
¿Dónde está mi Soberbia? ¿No parece? 120
¿Cómo mi mal no alienta?
Y mi Amor Propio, ¿cómo no fomenta,
o anima mis razones?
Muda estoy, ¡ay de mí!

Escena XI

Hace extremos, como que quiere hablar, y no puede; y salen, como
asustados, la Soberbia y el Amor propio.

Amor propio	¿Qué confusiones Eco triste lamenta? 125 Que aunque no es nuevo en ella ver que sienta, parece nueva pena la que de sus sentidos la enajena.
Soberbia	Estatua de sí misma, enmudecida, ni aun respirar la deja dolorida 130 la fuerza del ahogo que la oprime, aunque con mudas señas llora y gime.
Amor propio	A consolar lleguemos su lamento, aunque le sirva de mayor tormento.
Soberbia	Lleguemos a saber lo que la enoja, 135

aunque le sirva de mayor congoja.

Amor propio   Pues el tener su Propio Amor consigo,
                   claro está que será mayor castigo.

Soberbia   Pues tener su Soberbia, ¿quién ignora
                   que le será mayor tormento ahora?   140

Amor propio   Mira, que juzgo que precipitada
                   quiere arrojarse, del furor llevada;
                   ¡tengámosla!

Soberbia   Tenerla solicito,
                   aunque yo soy quien más la precipito.

(Lléganse a ella y tiénenla; y ella hace como que quiere arrojarse.)

Soberbia   ¡Tente, Eco hermosa! ¿Dónde vas? Espera;   145
                   cuéntanos por qué estás de esa manera,
                   que despeñarte intentas.
                   ¿Con ver a tu Soberbia no te alientas?
                   ¿Cómo querré yo verte despeñada,
                   si siempre pretendí verte exaltada?   150

Amor propio   ¿Que con ver tu Amor Propio no te
                   animes?
                   ¿Cómo podré sufrir que te lastimes,
                   si por haberte amado
                   tanto, nos redujimos a este estado?

Soberbia   Tente, pues que yo te tengo.   155

Eco	Tengo.	
Amor propio	Refiere tu ansiosa pena.	
Eco	Pena.	
Soberbia	Di la causa de tu rabia.	
Eco	Rabia.	160

(Dentro, repite la música, con tono triste, los ecos.)

Amor propio	Pues eres tan sabia,	
	dinos qué accidentes	
	tienes, o qué sientes.	
Eco	Tengo pena, rabia...	
Amor propio	¿Pues qué has echado de ver?	165
Eco	De ver.	
Soberbia	¿De qué estás así, o por qué?	
Eco	Que.	
Amor propio	¿Hay novedad en Narciso?	
Eco	Narciso	170
Soberbia	Dinos, ¿qué te hizo	
	para ese accidente,	
	o si es solamente...?	

Eco   De ver que Narciso...

Soberbia   No desesperes aún...   175

Eco   Aún.

Amor propio   que aún puede dejar de ser...

Eco   Ser.

Soberbia   que ese barro quebradizo...

Eco   Quebradizo.   180

Amor propio   no logre su hechizo,
                       ni a su amante obligue.
                       Mas ¿Él a quién sigue?

Eco   A un ser quebradizo.

Amor propio   ¿Es posible que la quiere?   185

Eco   Quiere.

Soberbia   ¿Ese agravio me hace a mí?

Eco   A mí.

Amor propio   ¿Así por ella me agravia?

Eco   Me agravia.   190

Soberbia	Pues brote la rabia
	de mi furia insana;
	pues a una villana...

Eco	Quiere, a mí me agravia.

Soberbia	Juntemos estas voces, que cortadas	195
	pronuncia su dolor despedazadas,	
	que de ellas podrá ser nos enteremos	
	por entero, del mal que no sabemos.	

Amor propio	Mejor es oírla a ella,	
	que las repite al son de su querella.	200

Eco	(Con intercadencias furiosas.)	
	Tengo pena, rabia,	
	de ver que Narciso	
	a un ser quebradizo	
	quiere, a mí me agravia.	

(Repite la música toda la copla.)

Amor propio	En el estéril hueco de este tronco,	205
	la ocultemos, porque el gemido ronco	
	de sus llorosas quejas	
	no llegue de Narciso a las orejas;	
	y allí tristes las dos la acompañemos,	
	pues apartarnos de ella no podemos.	210

(Vanse la Soberbia y el Amor propio llevando a Eco.)

Escena XII

Levántase Narciso de la fuente.

<table>
<tr><td>Narciso</td><td>Selvas, ¿quién habéis mirado</td><td></td></tr>
<tr><td></td><td>el tiempo que habéis vivido,</td><td></td></tr>
<tr><td></td><td>que ame como yo he querido,</td><td></td></tr>
<tr><td></td><td>que quiera como yo he amado?</td><td></td></tr>
<tr><td></td><td>¿A quién, en el duradero</td><td>215</td></tr>
<tr><td></td><td>siglo de prolijos días,</td><td></td></tr>
<tr><td></td><td>habéis visto, selvas mías,</td><td></td></tr>
<tr><td></td><td>que muera del mal que muero?</td><td></td></tr>
<tr><td></td><td>Mirando lo que apetezco,</td><td></td></tr>
<tr><td></td><td>estoy sin poder gozarlo;</td><td>220</td></tr>
<tr><td></td><td>y en las ansias de lograrlo,</td><td></td></tr>
<tr><td></td><td>mortales ansias padezco.</td><td></td></tr>
<tr><td></td><td>Conozco que ella me adora</td><td></td></tr>
<tr><td></td><td>y que paga el amor mío,</td><td></td></tr>
<tr><td></td><td>pues se ríe, si me río,</td><td>225</td></tr>
<tr><td></td><td>y cuando yo lloro, llora.</td><td></td></tr>
<tr><td></td><td>No me puedo engañar yo,</td><td></td></tr>
<tr><td></td><td>que mi ciencia bien alcanza</td><td></td></tr>
<tr><td></td><td>que mi propia semejanza</td><td></td></tr>
<tr><td></td><td>es quien mi pena causó.</td><td>230</td></tr>
<tr><td></td><td>De ella estoy enamorado;</td><td></td></tr>
<tr><td></td><td>y aunque amor me ha de matar,</td><td></td></tr>
<tr><td></td><td>me es más fácil el dejar</td><td></td></tr>
</table>

la vida, que no el cuidado.

(Dice lo siguiente, llegándose hacia donde se fue Eco; y ella, desde
donde está, va respondiendo.)

	Es insufrible el tormento	235
Eco	Tormento.	
Narciso	de los dolores que paso	
Eco	Paso.	
Narciso	en rigor tan insufrible;	
Eco	Insufrible.	240
Narciso	pues en mi pena terrible y en el dolor de que muero, no gozando lo que quiero,	
Eco y Narciso	tormento paso insufrible	
Narciso	¡Oh cómo estará después	245
Eco	Pues.	
Narciso	maltratada mi hermosura,	
Eco	Mi hermosura.	
Narciso	de todas la más cabal!	

| Eco | Cabal. | 250 |

| Narciso | Pues mi pena sin igual
me sujetó a padecer;
pues ha ultrajado mi ser. |

| Eco y Narciso | Pues mi hermosura cabal... |

| Narciso | ¡Que haya podido el amor | 255 |

| Eco | El amor. |

| Narciso | sujetar así a Narciso, |

| Eco | Hizo. |

| Narciso | y arrastrar a lo inmortal! |

| Eco | Mortal. | 260 |

| Narciso | Por él padezco este mal
que siente mi pena fiera,
pues a aquél que inmortal era, |

| Eco y Narciso | el amor hizo mortal. |

| Narciso | ¿Cómo tan fiera sujeta | 265 |

| Eco | Sujeta. |

| Narciso | aquesta pena inhumana |

| Eco | Humana. |

Narciso	mi ser divino impasible?	
Eco	Pasible.	270
Narciso	Mas sin duda es invencible del amor la fortaleza, pues ha puesto a mi belleza	
Eco y Narciso	sujeta, humana, pasible.	
Coros y Narciso	Tormento paso insufrible; pues mi hermosura cabal el amor hizo mortal, sujeta, humana, pasible.	275
Narciso	Osadamente el amor	
Eco	El amor.	280
Narciso	quiso mostrar lo que puede	
Eco	Que puede.	
Narciso	con sus saetas herir;	
Eco	Herir.	
Narciso	pues ¿quién me pudo inducir a que tan penoso viva, sino, con su fuerza activa,	285
Eco y Narciso	el amor, que puede herir?	

Narciso	Y poniendo el blanco en mí,	
Eco	En mí.	290
Narciso	todo su poder mostró.	
Eco	Mostró.	
Narciso	ostentando su pujanza;	
Eco	Su pujanza.	
Narciso	pues bajando la balanza de mi deidad soberana por igualarla a la humana,	295
Eco y Narciso	en mí mostró su pujanza.	
Narciso	Triste está mi alma, y amando,	
Eco	Y amando.	300
Narciso	y sin atender a mí,	
Eco	A mí.	
Narciso	por buscar mi semejanza.	
Eco	Semejanza.	
Narciso	¿Quién el misterio no alcanza de los suspiros que doy?	305

Que admira el ver cuál estoy,

Eco y Narciso   y amando a mi semejanza.

Narciso   De mi solio, que es del cielo,

Eco   Del cielo.   310

Narciso   manso y amoroso vine,

Eco   Vine.

Narciso   sin ver que bajé a morir.

Eco   A morir.

Narciso   Ninguno podrá medir   315
                     lo grande de mi fineza;
                     pues sin mirar mi grandeza,

Eco y Narciso   del cielo vine a morir.

Coros y Narciso   El amor, que puede herir,
                     en mí mostró su pujanza;   320
                     y amando a mi semejanza,
                     del cielo vine a morir.

Narciso   Mas ¿quién, en el tronco hueco,

Eco   Eco.

Narciso   con triste voz y quejosa,   325

Eco	Quejosa.
Narciso	así a mis voces responde?
Eco	Responde.
Narciso	¿Quién eres, oh voz; o dónde te ocultas, de mí escondida?　　330 ¿Quién me responde afligida?
Eco y Narciso	Eco quejosa responde.
Narciso	Pues ya, con lo que estás viendo,
Eco	Viendo.
Narciso	¿tu despecho qué hay que quiera,　　335
Eco	Que quiera.
Narciso	ni que espere más tu amor?
Eco	Tu amor.
Narciso	Pues sin conocer tu error, de tu amor propio guiada,　　340 andas solamente errada,
Eco y Narciso	viendo que quiera tu amor.
Narciso	¡Si ves que siempre he de amar
Eco	Amar.

Narciso	y que he de estar en un ser;	345
Eco	Un ser.	
Narciso	que aunque juzgas inferior	
Eco	Inferior.	
Narciso	el objeto de mi amor que tu soberbia desdeña, mi propia bondad me enseña	350
Eco y Narciso	amar a un ser inferior!	
Narciso	Yo tengo de amar; y así,	
Eco	Y así.	
Narciso	no esperes verme a tus ojos,	355
Eco	A tus ojos.	
Narciso	de quien mi beldad se esconde.	
Eco	Se esconde.	
Narciso	Porque nunca corresponde tu soberbia a la humildad que apetece mi beldad;	360
Eco y Narciso	y así, a tus ojos se esconde.	

Eco y Coros   Eco quejosa responde,
                     viendo que quiera tu amor
                     amar un ser inferior;   365
                     y así, a tus ojos se esconde.

(Va llegando Narciso a la fuente, y dice.)

Narciso   Mas ya el dolor me vence. Ya, ya llego,
                     al término fatal por mi querida:
                     que es poca la materia de una vida
                     para la forma de tan grande fuego.   370
                     Ya licencia a la muerte doy: ya entrego
                     el alma, a que del cuerpo la divida,
                     aunque en ella y en él quedará asida
                     mi deidad, que las vuelva a reunir luego.
                     Sed tengo: que el amor que me ha abrasado
                     375
                     aun con todo el dolor que padeciendo
                     estoy, mi corazón aún no ha saciado.
                     ¡Padre! ¿Por qué en un trance tan
                     tremendo
                     me desamparas? Ya está consumado.
                     ¡En tus manos mi espíritu encomiendo!380

Cuadro V

Escena XIII

Suena terremoto; cae Narciso dentro del vestuario, y salen asustados Eco, la Soberbia y el Amor propio.

Eco   ¡Qué eclipse!

Soberbia   ¡Qué terremoto!

Amor propio   ¡Qué asombro!

Eco   ¡Qué horror!

Soberbia   ¡Qué susto!

Eco   ¡Las luces del Sol apaga
                       en la mitad de su curso!

Amor propio   ¡Cubre de sombras el aire!   5

Soberbia   ¡Viste a la Luna de luto!

Eco   La tierra, de su firmeza
                       desmintiendo el atributo,
                       pavorosa se estremece,
                       y abriendo su centro oculto,   10
                       escondiendo en él los montes,
                       manifiesta los sepulcros.

Soberbia   Las piedras, enternecidas,
                  rompiendo su ceño duro
                  se despedazan, mostrando   15
                  que aun en lo insensible cupo
                  el sentimiento.

Eco   Y lo más
                  portentoso que descubro,
                  es que no causa este eclipse
                  aquel natural concurso   20
                  del Sol y la Luna, cuando
                  —los dos luminares juntos
                  en perpendicular línea—
                  la interposición del uno
                  no nos deja ver al otro,   25
                  y así el Sol parece oscuro,
                  no porque él lo esté, sino
                  porque no se ven sus puros
                  resplandores. Pero ahora,
                  siguiendo apartados rumbos,   30
                  distantes están, y así
                  ningún astro se interpuso
                  a ser de su luz cortina,
                  sino que él, funesto y mustio,
                  sus resplandores apaga,   35
                  como si fueran caducos.

Amor propio   Y quizá por haber eso
                  observado, en el tumulto
                  donde todo el universo
                  sirve de pequeño vulgo,   40
                  algún astrólogo grande
                  prorrumpe en la voz que escucho

entre la asombrada turba,
pues dice en ecos confusos:

Voz 1.ª (Dentro.)   ¡O padece el autor del universo,   45
o perece la máquina del mundo!

Amor propio   ¡Oh fuerza de amor! ¡Oh fuerza
de un enamorado impulso:
pasar la línea a la muerte,
romper al infierno el muro,   50
porque el haberse rendido
Le sirva de mayor triunfo!
Mas atended, que en la turba
otra voz distinta escucho:

Voz 2.ª (Dentro.)   ¡Este hombre, de verdad era muy justo!   55

Soberbia   Otra voz no menos clara,
o la misma, con orgullo
de la fe, y admiración,
confiesa con otros muchos:

Voces (Dentro.)   ¡Éste era Hijo de Dios, yo no lo dudo!   60

Eco   ¡Oh, pese a mí, que ya empieza
su muerte a mostrar el fruto
de aquel misterioso grano
que escondido en el profundo
pareció muerto, y después   65
tantas espigas produjo!
¡Oh, nunca la profecía
se oyera, en labios impuros,
de que para vivir todos

fue menester morir uno!   70
¡Oh, nunca, engañada y ciega,
solicitara por rumbos
tan diferentes su muerte,
pues cuando vengada juzgo
mi afrenta con que Él muriese,   75
hallo que todo mi estudio
sirvió de ponerle medios
para que su amante orgullo
la mayor fineza obrase,
muriendo por su trasunto!   80
Mas aunque la envidia fiera
despedaza, áspid sañudo,
mi pecho, ya por lo menos
tengo el consuelo (si pudo
caber en mí algún consuelo)   85
de conseguir que en el mundo
no esté a los ojos de aquella
villana; que de su rudo
natural, y de su ingrata
condición, no será mucho   90
que, no viéndolo, Lo olvide.
Dices muy bien; que no dudo
que, no viéndolo a sus ojos,
olvidada de los sumos
beneficios que Le debe,   95
volverá a seguir el curso
de sus delitos pasados:
que acostumbrados insultos
con dificultad se olvidan,
no habiendo quién del discurso   100
los esté siempre borrando
con encontrados asuntos

de diferentes recuerdos.

Soberbia   Pues sea ahora nuestro estudio
                  solicitar que ella olvide 1720   105
                  estos beneficios suyos;
                  porque si después de tantos
                  Le vuelve a ofender, no dudo
                  que a ella ocasione más pena,
                  y a nosotros mayor triunfo.   110

Eco   Bien decís. Mas ella viene
                  llorando como infortunio
                  la que es su dicha mayor,
                  con el piadoso concurso
                  de las ninfas y pastores.   115
                  Esperemos aquí ocultos,
                  hasta ver en lo que paran
                  tantos funestos anuncios.

(Retíranse a un lado.)

Escena XIV

Sale la Naturaleza llorando, y todas las Ninfas y pastores.

Naturaleza humana Ninfas habitadoras
                  de estos campos silvestres,   120
                  unas en claras ondas
                  y otras en troncos verdes;
                  Pastores, que vagando
                  estos prados alegres,
                  guardáis con el ganado   125

rústicas sencilleces:
de mi bello Narciso,
gloria de vuestro albergue,
las dos divinas lumbres
cerró temprana muerte.   130
¡Sentid, sentid mis ansias;
llorad, llorad su muerte!

Coros   ¡Llorad, llorad su muerte!

Naturaleza humana Muerte le dio su amor;
que de ninguna suerte   135
pudiera, sino solo
su propio amor vencerle.
De mirar su retrato,
enamorado muere;
que aun copiada su imagen,   140
hace efecto tan fuerte.
¡Sentid, sentid mis ansias:
llorad, llorad su muerte!

Coros   ¡Llorad, llorad su muerte!

Naturaleza humana Ver su malogro, todo   145
el universo siente:
las peñas se quebrantan,
los montes se enternecen;
enlútase la Luna,
los polos se estremecen,   150
el Sol su luz esconde,
el cielo se oscurece.
¡Sentid, sentid mis ansias;
llorad, llorad su muerte!

Coros   ¡Llorad, llorad su muerte!   155

Naturaleza humana El aire se encapota,
                   la tierra se conmueve,
                   el fuego se alborota,
                   el agua se revuelve.
                   Abren opacas bocas   160
                   los sepulcros patentes,
                   para dar a entender
                   que hasta los muertos sienten.
                   ¡Sentid, sentid mis ansias
                   llorad, llorad su muerte!   165

Coros   ¡Llorad, llorad su muerte!

Naturaleza humana Divídese del templo
                   el velo reverente,
                   dando a entender que ya
                   se rompieron sus leyes.   170
                   El universo todo,
                   de su beldad doliente,
                   capuz funesto arrastra,
                   negras bayetas tiende.
                   ¡Sentid, sentid mis ansias;   175
                   llorad, llorad su muerte!

Coros   ¡Llorad, llorad su muerte!

Naturaleza humana ¡Oh vosotros, los que
                   vais pasando, atendedme,
                   y mirad si hay dolor   180
                   que a mi dolor semeje!

Sola y desamparada
estoy, sin que se llegue
a mí más que el dolor,
que me acompaña siempre.   185
¡Sentid, sentid mis ansias;
llorad, llorad su muerte!

Coros   ¡Llorad, llorad su muerte!

Naturaleza humana De la fuerza del llanto
mi rostro se entumece,   190
y se ciegan mis ojos
con lágrimas que vierten.
Mi corazón, en medio
de mi pecho, parece
cera que se derrite   195
junto a la llama ardiente.
¡Sentid, sentid mis ansias;
llorad, llorad su muerte!

Coros   ¡Llorad, llorad su muerte!

Naturaleza humana Mirad su amor, que pasa   200
el término a la muerte,
y por mirar su imagen
al abismo desciende;
pues solo por mirarla,
en las ondas del Lethe   205
quebranta los candados
de diamantes rebeldes.
¡Sentid, sentid mis ansias;
llorad, llorad su muerte!

| Coros | ¡Llorad, llorad su muerte! | 210 |

Naturaleza humana ¡Ay de mí, que por mí
                   su hermosura padece!
                   Corran mis tristes ojos
                   de lágrimas dos fuentes.
                   Buscad su cuerpo hermoso,   215
                   porque con los ungüentes
                   de preciosos aromas
                   ungirlo mi amor quiere.
                   ¡Sentid, sentid mis ansias;
                   llorad, llorad su muerte!   220

Coros   ¡Llorad, llorad su muerte!

Naturaleza humana Buscad mi vida en esa
                   imagen de la muerte,
                   pues el darme la vida
                   es el fin con que muere.   225

(Hacen que lo buscan.)

                   Mas, ¡ay de mí, infeliz,
                   que el cuerpo no parece!
                   Sin duda le han hurtado:
                   ¡Oh, quién pudiera verle!

Escena XV

Sale la Gracia.

Gracia   Ninfa bella, ¿por qué   230

lloras tan tiernamente?
¿Qué en este sitio buscas?
¿Qué pena es la que sientes?

Naturaleza humana Busco a mi dueño amado;
ignoro dónde ausente   235
Lo ocultan de mis ojos
los hados inclementes.

Gracia   ¡Vivo está tu Narciso;
no llores, no lamentes,
ni entre los muertos busques   240
al que está vivo siempre!»

Escena XVI

Sale Narciso, con otras galas, como resucitado, por detrás de la
Naturaleza; y ella se vuelve a mirarlo.

Narciso   ¿Por qué lloras, pastora?
Que las perlas que viertes
el corazón me ablandan,
el alma me enternecen.   245

Naturaleza humana Por mi Narciso lloro,
señor; si tú Le tienes,
dime dónde está, para
que yo vaya a traerle.

Narciso   ¿Pues cómo, esposa mía,   250
no puedes conocerme,
si a mi beldad divina

ninguna se parece?

Naturaleza humana ¡Ay, adorado esposo,
deja que alegremente   255
llegue a besar tus plantas!

Narciso   A tocarme no llegues,
porque voy con mi padre
a su trono celeste.

Naturaleza humana Luego, ¿me dejas sola?   260
¡Ay, Señor, no me dejes;
que volverá a insidiarme
mi enemiga serpiente!

Escena XVII

Salen Eco, la Soberbia y el Amor propio.

Eco   Claro está, pues aunque has hecho
tantas finezas por ella,   265
en dejándola ¿quién duda
que a ser mi despojo vuelva?

Soberbia   Pues no viéndote, ella es
de condición tan grosera,
que dejará tus cariños   270
y olvidará tus finezas.

Amor propio   Y yo pondré tales lazos
en sus caminos y sendas,
que no se pueda librar

| | de volver a quedar presa. | 275 |

Eco

    Yo le pondré tales manchas,
que su apreciada belleza
se vuelva a desfigurar
y a desobligarte vuelva.

Gracia

    Eso no, que yo estaré   280
a su lado, en su defensa;
y estando con ella yo,
no es fácil que tú la venzas.

Eco

    ¿Qué importará, si es tan fácil
que, frágil, ella te pierda,   285
y en perdiéndote, es preciso
que vuelva a ponerse fea?

Narciso

    No importa, que yo daré,
contra todas tus cautelas,
remedios a sus peligros   290
y escudos a sus defensas.

Eco

    ¿Qué remedios, ni qué escudos,
si como otra vez te ofenda,
como es tu ofensa infinita,
no podrá satisfacerla?   295
Pues para una que te hizo,
fue menester que murieras
tú; y claro está que no es congruo
que todas las veces que ella
vuelva a pecar, a morir   300
tú también por ella vuelvas.

Narciso   Por eso, mi inmenso amor
                 la previno, para esa
                 fragilidad, de remedios,
                 para que volver pudiera,   305
                 si cayera, a levantarse.

Soberbia   ¿Qué remedio habrá, que pueda
                 restituirla a tu gracia?
                 ¿Cuál? El de la penitencia,
                 y los demás sacramentos,   310
                 que he vinculado en mi iglesia
                 por medicinas del alma.

Eco   Cuando éstos bastantes sean,
                 ella no querrá usar de ellos,
                 negligente, si te ausentas,   315
                 porque olvidará tu amor
                 en faltando tu presencia.

Narciso   Tampoco eso ha de faltarle,
                 porque dispuso mi inmensa
                 sabiduría, primero   320
                 que fuese mi muerte acerba,
                 un memorial de mi amor,
                 para que cuando me fuera,
                 juntamente me quedara

Eco   Aqueso es lo que mi ciencia   325
                 no alcanza cómo será.

Narciso   Pues para darte más pena,
                 porque ha de ser el mayor
                 tormento el que tú lo sepas,

	y por manifestación	330
	de mi sin igual fineza,	
	¡llega, Gracia, y recopila	
	en la metáfora mesma	
	que hemos hablado hasta aquí,	
	mi historia!	

Gracia   Que te obedezca   335
                    será preciso; y así,
                    escuchadme.

Eco   Ya mis penas
                    te atienden, a mi pesar.

Gracia   Pues pasó desta manera:
                    Érase aquella belleza   340
                    del soberano Narciso,
                    gozando felicidades
                    en la gloria de sí mismo,
                    pues en sí mismo tenía
                    todos los bienes consigo: 345
                    Rey de toda la hermosura,
                    de la perfección archivo,
                    esfera de los milagros,
                    y centro de los prodigios.
                    De sus altas glorias eran   350
                    esos orbes cristalinos
                    coronistas, escribiendo
                    con las plumas de sus giros.
                    Anuncio era de sus obras
                    el firmamento lucido,   355
                    y el resplandor Lo alababa
                    de los astros matutinos:

Le aclamaba el fuego en llamas,
el mar con penachos rizos,
la tierra en labios de rosas   360
y el aire en ecos de silbos.
Centella de su beldad
se ostentaba el Sol lucido,
y de sus luces los astros
eran brillantes mendigos.   365
Cóncavos espejos eran
de su resplandor divino,
en bruñidas superficies,
los once claros zafiros.
Dibujo de su luz eran   370
con primoroso artificio
el orden de los planetas,
el concierto de los signos.
Por imitar su belleza,
con cuidadosos aliños,   375
se vistió el campo de flores,
se adornó el monte de riscos.
Adoraban su deidad
con amoroso destino,
desde su gruta la fiera   380
y el ave desde su nido.
El pez en el seno oscuro
Le daba cultos debidos,
y el mar para sus ofrendas
erigió altares de vidrio.   385
Adoraciones Le daban.
devotamente rendidos,
desde la hierba más baja
al más encumbrado pino.
Maremagnum se ostentaba   390

de perfección, infinito,
de quien todas las bellezas
se derivan como ríos.
En fin, todo lo insensible,
racional, y sensitivo, 395
tuvo el ser en su cuidado
y se perdiera a su olvido.
Éste, pues, hermoso asombro,
que entre los prados floridos
se regalaba en las rosas, 400
se apacentaba en los lirios,
de ver el reflejo hermoso
de su esplendor peregrino,
viendo en el hombre su imagen,
se enamoró de sí mismo. 405
Su propia similitud
fue su amoroso atractivo,
porque solo Dios, de Dios
pudo ser objeto digno.
Abalanzóse a gozarla; 410
pero cuando su cariño
más amoroso buscaba
el imán apetecido,
por impedir envidiosas
sus afectos bien nacidos, 415
se interpusieron osadas
las aguas de sus delitos.
Y viendo imposible casi
el logro de sus designios
(porque hasta Dios en el mundo 420
no halla amores sin peligro),
se determinó a morir
en empeño tan preciso,

para mostrar que es el riesgo
el examen de lo fino.   425
Apocóse, según Pablo,
y (si es lícito decirlo)
consumióse, al dulce fuego
tiernamente derretido.
Abatióse como amante   430
al tormento más indigno,
y murió, en fin, del amor
al voluntario suplicio.
Dio la vida en testimonio
de su amor; pero no quiso   435
que tan gloriosa fineza
se quedase sin testigo;
y así dispuso dejar
un recuerdo y un aviso,
por memoria de su muerte,   440
y prenda de su cariño.
Su disposición fue parto
de su saber infinito,
que no se ostenta lo amante
sin galas de lo entendido.   445
Él mismo quiso quedarse
en blanca flor convertido,
porque no diera la ausencia
a la tibieza motivo;
que no es mucho que hoy florezca,   450
pues antes en sus escritos
se llama flor de los campos,
y de los collados lilio.
Cándido disfraz, es velo
de sus amantes designios,   455
incógnito a la grosera

cognición de los sentidos.
Oculto quiso quedarse
entre cándidos armiños,
por asistir como amante   460
y celar como registro:
que como esposo del alma,
receloso de desvíos,
la espía por las ventanas,
la acecha por los resquicios   465
Quedó a hacer nuevos favores,
porque, liberal, no quiso
acordar una fineza
sin hacer un beneficio.
Ostentó lo enamorado   470
con amantes desperdicios,
e hizo todo cuanto pudo
El que pudo cuanto quiso.
Quedó en manjar a las almas,
liberalmente benigno,   475
alimento para el justo,
veneno para el indigno.

(Aparece el carro de la fuente; y junto a ella, un cáliz con una
hostia encima.)

Mirad, de la clara fuente
en el margen cristalino,
la bella cándida flor   480
de quien el amante dijo:

Narciso   Éste es mi cuerpo y mi sangre
que entregué a tantos martirios
por vosotros. En memoria

                    de mi muerte, repetidlo.   485

Naturaleza humana   A tan no vista fineza,
                    a tan sin igual cariño,
                    toda el alma se deshace,
                    todo el pecho enternecido
                    gozosas lágrimas vierte.   490

Eco   Y yo, ¡ay de mí!, que lo he visto,
                    enmudezca, viva solo
                    al dolor, muerta al alivio.

Amor propio   Yo, absorto, rabioso y ciego,
                    venenoso áspid nocivo,   495
                    a mí propio me dé muerte.

Soberbia   Yo que de tus precipicios
                    fui causa, segunda vez
                    me sepulte en el abismo.

Gracia   Y yo, que el impedimento   500
                    quitado y deshecho miro
                    de la culpa, que por tanto
                    tiempo pudo dividirnos,
                    Naturaleza dichosa,
                    te admito a los brazos míos.   505
                    ¡Llega, pues, que eternas paces
                    quiero celebrar contigo;
                    ¡no temas, llega a mis brazos!

Naturaleza humana   ¡Con el alma los recibo!
                    Mas el llegar temerosa   510
                    es respeto en mí preciso,

pues a tanto sacramento,
a misterio tan divino,
es muy justo que el amor
llegue de temor vestido.					515

(Abrázanse las dos.)

Gracia					¿Pues ya qué falta a tus dichas?

Naturaleza humana Solo falta que, rendidos,
					las debidas gracias demos;
					y así, en concertados himnos
					sus alabanzas cantad,					520
					diciendo todos conmigo:

Todos (Cantan.)			¡Canta, lengua, del cuerpo glorioso
					el alto misterio, que por precio digno
					del mundo se nos dio, siendo fruto
					real, generoso, del vientre más limpio 525
					Veneremos tan gran sacramento,
					y al nuevo misterio cedan los antiguos,
					supliendo de la fe los afectos
					todos los defectos que hay en los sentidos.
					¡Gloria, honra, bendición y alabanza, 530
					grandeza y virtud al Padre y al Hijo
					se dé; y al amor, que de ambos procede,
					igual alabanza Le demos rendidos!

					Fin

Libros a la carta

A la carta es un servicio especializado para
empresas,
librerías,
bibliotecas,
editoriales
y centros de enseñanza;
y permite confeccionar libros que, por su formato y concepción, sirven a los propósitos más específicos de estas instituciones.

Las empresas nos encargan ediciones personalizadas para marketing editorial o para regalos institucionales. Y los interesados solicitan, a título personal, ediciones antiguas, o no disponibles en el mercado; y las acompañan con notas y comentarios críticos.

Las ediciones tienen como apoyo un libro de estilo con todo tipo de referencias sobre los criterios de tratamiento tipográfico aplicados a nuestros libros que puede ser consultado en Linkgua-ediciones.com.

Linkgua edita por encargo diferentes versiones de una misma obra con distintos tratamientos ortotipográficos (actualizaciones de carácter divulgativo de un clásico, o versiones estrictamente fieles a la edición original de referencia).

Este servicio de ediciones a la carta le permitirá, si usted se dedica a la enseñanza, tener una forma de hacer pública su interpretación de un texto y, sobre una versión digitalizada «base», usted podrá introducir interpretaciones del texto fuente. Es un tópico que los profesores denuncien en clase los desmanes de una edición, o vayan comentando errores de interpretación de un texto y esta es una solución útil a esa necesidad del mundo académico.

Asimismo publicamos de manera sistemática, en un mismo catálogo, tesis doctorales y actas de congresos académicos, que son distribuidas a través de nuestra Web.

El servicio de «libros a la carta» funciona de dos formas.

1. Tenemos un fondo de libros digitalizados que usted puede personalizar en tiradas de al menos cinco ejemplares. Estas personalizaciones pueden ser de todo tipo: añadir notas de clase para uso de un grupo de estudiantes, introducir logos corporativos para uso con fines de marketing empresarial, etc. etc.

2. Buscamos libros descatalogados de otras editoriales y los reeditamos en tiradas cortas a petición de un cliente.